U0100341

大展好書　好書大展

品嘗好書　冠群可期

大展好書　好書大展
品嘗好書　冠群可期

老拳譜新編 1

吳鑒泉氏的太極拳

陳振民　馬岳樑　著

大展出版社有限公司

策劃人語

本叢書重新編排的目的，旨在供各界武術愛好者鑑賞、研習和參考，以達弘揚國術，保存國粹，俾後學者不失眞傳而已。

原書大多為中華民國時期的刊本，作者皆為各武術學派的嫡系傳人。他們遵從前人苦心孤詣遺留之術，恐久而湮沒，故集數十年習武之心得，公之於世。叢書內容豐富，樹義精當，文字淺顯，解釋詳明，並且附有動作圖片，實乃學習者空前之佳本。

原書有一些塗抹之處，並不完全正確，恐為收藏者之筆墨。因為著墨甚深，不易恢復原狀，並且尚有部分參考價值，故暫存其舊。另有個別字，疑為錯誤，因存其眞，未敢遽改。我們只對有些顯著的錯誤之處，做了一些修改的工作；對缺少目錄和編排不當的部分原版本，我們根據內容

進行了加工、調整，使其更具合理性和可讀性。有個別原始版本，由於出版時間較早，保存時間長，存在殘頁和短頁的現象，雖經多方努力，仍沒有辦法補全，所幸者，就全書的整體而言，其收藏、參考、學習價值並沒有受到太大的影響。希望有收藏完整者鼎力補全，以裨益當世和後學，使我中華優秀傳統文化承傳不息。

為了更加方便廣大武術愛好者對古拳譜叢書的研究和閱讀，我們對叢書作了一些改進，並根據現代人的閱讀習慣，嘗試著做了斷句，以便於閱讀。

由於我們水平有限，失誤和疏漏之處在所難免，敬請讀者予以諒解。

柔道得之

褚民誼題

徐序

余從吳師鑒泉習太極拳十有餘年，惜以事務紛繁未能專心練習，造詣甚淺。丁卯歲，離平南歸，雖曾就一得之愚著《太極拳淺說》，以為初學之一助，第於斯妙理及吳師所授精義，未能闡發萬一，心中時覺耿耿。年來太極拳盛行於世，從事著作者亦日見其夥，均能以個人經驗供大衆探討，實與斯術前途大有裨益。

今者陳君稼軒與馬君岳樑又有圖解之作。陳君長於文學，斯術亦研究有素；馬君為吳師快婿，造詣之深遠勝於余，且諳醫藥生理之學，二君合力以成斯編，其必能將斯術奧妙及吳師多年心得詳為闡發，嘉惠後學，自不待言。顧余平日嘗謂太極拳術重意不重形，學者若泥於圖式之剖解，而徒求姿勢之形似，仍難免有探驪遺珠、刻舟求劍之誤，是則不

能不標而出之，以期善讀此書者之細心體會焉。

中華民國二十三年十二月二十七日徐致一敬序

自序一

余與吳師鑑泉夙具世誼。余幼嗜外家拳術，練習十稔，進步殊鮮。師謂余曰：「練拳貴專一，汝若棄所學而從余，余當以技授汝。」自是余遂從師專攻太極拳，數歷寒暑不少輟，漸知太極拳之妙用。

民國十七年，師遊上海。翌年，余亦應上海紅十字會總醫院之聘，得續受教，並與師兄子鎮（師長子）朝夕研摩，獲益匪淺。今春，與陳君振民言及本門風行全國而未有適當自修之書籍，頗以為憾，陳君乃與余合作此書，以便初學。嗣徵得師之同意，因草是篇，謬誤之處尚希海內　方家指正焉。

民國二十四年五月　馬岳樑謹識

自序二

余之練習國術，由於伍君國治介紹余入精武體育會始。越一年，李君遵光邀余創辦上海市國術館，余益從事於內外各家拳術之探討，從張君文義習外家拳；從姚君馥春習內家拳；嗣延吳先生鑒泉入館任武當門主任，乃專從其練太極拳術。先生循循善誘，頗能引起余之興趣，惟其時事務龐雜，起居無定，則故或作或輟，進步殊鮮。一二八後，余屏絕外事，專一於著述。鑒於歷來所辦團體事業，勞力大而收效微，欲以文字鼓吹健康，乃刊行康健雜誌以償夙願。

一日，吳先生訪余，余告以此舉，並請其以太極拳攝影示範，先生欣然諾，嗣攝圖九十餘幅，分登康健雜誌，余加以說明。顧太極拳之變動不居，本難著筆，益以倉卒脫稿付梓時，復未親加校讐，故於動作方

向，不免有脫落失檢之處。嗣與馬君岳樑計議，廢棄初稿，先立基本動作之各項，然後逐式闡述之。編著時由馬君演勢，余執筆記錄，最後則雙方審察說明之當否，務期文字與動作若合符節，並由馬君補攝動作六十餘幅，於各式姿勢纖悉靡遺。其動作繁複者，則分攝正側背各圖以明之，而方向有一定，敘述依次序，體裁取通俗，學者得此足以自修矣。太極拳在國術中之地位，世有定評，毋待贅述，其博大精深處，本非此百餘頁之冊子可以備載。余與馬君編著之在旨，因內地師資缺乏，有志者苦於無門可入，特藉此以為其階梯而已。尚希海內　方家不吝指教，以匡不逮是幸。

中華民國二十四年夏至日　陳振民謹識

吳鑒泉先生肖影

吳鑒泉先生略歷

吳先生鑒泉，河北大興縣人。幼從其尊人全佑先生習太極拳術，及長，愈致力研究，日臻化境。民國三年，任總統府衛隊旅中校武術教官，並任北平體育專門學校教員，當代知名之士如褚民誼、熊式輝、屈映光、顧孟餘、袁良、徐致一諸氏皆先後從之學。民國十七年，南來滬上任上海市國術館董事兼武當門主任，並任精武體育會教師。年近耳順而精力健壯如少年，氣度雍容，驟視之不知其為身懷絕技之國術家也。二十四年春，先生創設鑒泉太極拳社於上海福煦路慈惠南里。出其緒餘以惠後學，對於肄習者，循循善誘，不自珍秘，洵國術界之典型也。

馬岳樑君肖影

凡例

一、本書係供初學者自修而設，故插圖求其完備，說明取其明瞭，讀者細心揣摩，不難無師自通。

二、本書各圖皆為南向，即北西┼東南，故圖中所攝之影，其身體之方向，手足之位置，可以一目了然。

三、各國動作涉於繁複，或一部分有所遮蔽者，本書每附有側面或背面等圖，以資參考，此種參考之圖，其方向無定，非若正圖（無側面背面字樣者皆為正圖）之一律南向，請注意！

四、本書說明大概有一定次序，首為全身，次為腿與足，次為臂與手，最後為眼，惟各個動作往往有同時並行者，亦有次第行之者，讀者須細心體會之。

五、說明與圖，絲絲入扣，讀者極易按式練習，俟各式練習嫻熟，然後連貫練習之。蓋太極拳之練習法本為一貫，為初學便利計，始分析為各式也。

六、太極拳的練法一章（即第四章）頗為重要，讀者宜時時玩索之。其中體質與精神之準備，初練時即宜著重，以期易於入門，而養成良好之慣習。

七、基本動作一章（即第五章）為初學者之基礎。其中各法先宜嫻習，練拳時可事半而功倍。

八、附錄中之經論歌訣，為太極拳精華之所萃。初學者熟讀而揣摩之，則功夫可以猛進矣。

著者識

吳鑒泉氏的太極拳目次

第一章　導言……一九
第二章　太極拳小史……二二
第三章　太極拳的特色……二四
第四章　太極拳的練法……二八
第五章　幾種重要的基本動作……三一
第六章　太極拳……三九
第七章　附錄……一一〇

自修適用

吳鑒泉氏的太極拳

第一章 導 言

國術界中主要的兩大派，誰都知道「武當」與「少林」。少林主剛，勁顯於外，故名外家，武當主柔，勁蘊於內，故名內家。它們源遠流長，正像我國的長江和黃河，而且同出於一源，也和長江黃河同發源於崑崙山脈的一樣。講到這兩大派的系統，都是很為複雜，尤以外家為甚。內家之中，以太極拳最著名，因為發生較晚，歷史較短，所以系統也比較的詳明一些，晚近這系中負有聲望的鉅子，除已故的孫祿堂先生

外，要算楊澄甫先生，和本書所介紹的吳鑒泉先生。吳先生家學淵源，其父全佑先生，受業於楊先生班侯（澄甫先生之伯父），所以它的拳術原與澄甫先生同出於一源，可是練起架子來，卻和澄甫先生有點不同，孫祿堂先生是另一派別，當然更是兩樣了。這是我國國術家的特色，正和我國書畫家一樣，最初是臨摹人家的筆法，等到技術高明以後，不知不覺間便成為其個人的派別；國術何獨不然？他們造詣既深，出神入化，一舉一動都合法則，可是在一般練習國術的人們，就不免望洋興歎，尤其是在內地的國術的同志，匪但不容易得著真傳，便是間接的傳授，也要得著相當的機會。本社創立以來，以提倡體育為唯一的天職，特地商諸吳先生，將它太極拳的架子全部攝影，以供海內的同好，幸得吳先生的贊同，前後共破費三個半天的時間，攝得全圖八十餘幅，凡太極拳的基本動作都已齊全，攝影的時候對於方向姿勢都再三斟酌，務使讀者得著清晰的真相，實在是很名貴的攝影！又承其婿馬岳樑先生，補

充各種姿勢及步法，今一律製成銅版，並附說明，對於各個動作，加以解釋，以為練習者自修之助。但是太極拳的種種動作，俱成圓形，其連貫一氣變動不居的狀態，實在不易闡述。本書雖力求顯明，但恐仍有未當之處，倘蒙海內方家指正，那就無任感幸了！

第二章 太極拳的小史

凡是一種學術和技能，往往後者的發明必定較勝於前者。換句話講：就是發明愈晚，它的缺點亦愈少，這是古今中外的通例；國術當然也不能越出這個定律。本來人類為萬物之靈，它的四肢百骸，原依著神經的感覺，意志的指使，有防禦抵抗及攻擊一切外物的本能，最初人們的相搏，都是仗著天賦力量的強弱互相搏擊，後來由不規則的而漸漸進入有規則的，再進而將歷來的防禦抵抗和攻擊的一切技能上的經驗，編配起來，成套成節的練習，這便是今日所謂「國術」的由來，這種相搏的經驗，雖然它的發生並不一定根據於學理，可是保護一己的安全，襲擊對方的弱點，往往很合於生理，力學，幾何，心理等等的科學，這是確然無疑的。所以拳術的本能原隨人生以俱來，世界上各個民族，無不有其固有的技擊術，不過技擊的優劣，卻根據於各民族的體力，智慧，

環境與其傳授研習方法之如何，而有上下牀之別。我國技擊拳勇名詞的發見，遠在周代以前，不過成為系統，集合大成，當以北魏時候的達摩大師授徒於河南嵩山少林寺為嚆矢，這是「少林派」得名的由來。嗣後流派漸多，競奇炫異，幾至於不見究詰。到了宋末，乃有內家拳術的發明。相傳此派始於武當山丹士張三豐，所以統稱「武當派」，蓋別於少林派而言。所謂「內家」，乃以少林為外家的緣故。現在風行一時的太極拳，便是內家拳術的一種。在三豐發明以後，數傳至山右王宗岳，宗岳祖述三豐的遺論，著有《太極拳經》及《行功心解》等篇，立論精妙，言簡意賅，凡今日太極宗派，無不奉為圭臬。宗岳以後，數傳至河南蔣發，蔣氏傳懷慶陳長興，北平的太極專家楊露禪，便是陳氏的高足之一。得著它的衣缽的，除楊氏諸子外，尚有萬春凌山全佑諸氏，吳鑒泉先生便是全佑先生之子。讀者若要詳知太極拳的宗派，請參看本書後面附錄中的太極功系統表，本章僅述其大概而已。

第三章　太極拳的特色

太極拳的命名，各人的解釋不同：有人說是「太極拳由修養方面說，須由動處向靜處練，是從陰陽之合而為太極；從技擊方面說，其虛實變化，常蘊於內而不形於外，是猶太極之陰陽未分」。又有人說：「太極拳的各個動作，皆是取法乎圜形，和太極圖的型式相似，所以稱為太極。」這兩種解釋都各有相當的理由，尤以後一說的理由更為充足一些。至於太極拳的動作，與少林拳的剛性完全不同，是以虛靜自然為主體，而且以柔勝的。現在將它逐條的分析：

一、是虛

太極拳的所謂虛，不是虛無的解釋，而是虛空的解釋。因為虛空則靈，靈則神足，而神為一身的主宰，神充氣完，自然舉動輕靈了。

二、是靜

少林拳練習的時候，須要跳躍用力，不善練習的人，每每呼吸喘促，筋力疲倦。太極拳則不然，其於身心意三方面，皆力求其靜，練架子則愈慢愈好，使得呼吸深長，氣沉丹田，這是身靜的表現；練時須完整一氣，由眼而手部腰部足部，上下照顧，毫不散亂，這是心靜的表現；不用力而用意，動作所在，意即隨之，這是意靜的表現。

三、是自然

太極拳的動作，純任自然，如頂勁，如含胸拔背，如鬆腰垂臀，如沉肩墜肘，都是使得全身各部，絲毫沒有矯揉造作的姿勢，而合乎吾人天然的態度。

四、是柔

練太極拳時最忌用力，務使全身鬆開，氣血貫注，日久自然練成內勁，這種內勁是很柔的，遇敵時不含抵抗性，能隨敵勁以為伸縮，所謂

柔中而有彈性。太極論講：「極柔軟然後能極堅剛」，便是指此而言的。

太極拳既有這樣的特色，所以練習的人，可得下列的結果：

1. 恢復健康

疾病的發生，有屬於精神方面的，有屬於體質方面的，而太極的主旨，即從身心兩方同時補助，因其動作緩慢，具有舒展筋骨調和氣血的功能，所以凡神經衰弱，盆血，消化不良，以及臟腑骨骼絡筋等症，都可從事練習，雖屬不治之症，亦可獲得甚大的效果。不過心臟病厲害時期，肺病第二三期，練習時間宜逐漸加長，不可操之過急，必要時最好得教師指導。

2. 變化氣質

因為虛的習慣，使人心地和平，可以化除驕矜的氣習；因為靜的習慣，使人神志清明，增長應付事物的能力；因為自然的習慣，合於生理

程序，使人筋肉堅實，態度從容；因為柔的習慣，使人性情和藹，氣魄沉雄。

3. 增長興趣

太極拳術，處處含有科學的原理，而且虛實變化，其道無窮。練架的時候，周身感覺舒適，推手的時候，周身感覺活潑，所以練習稍久，匪但不覺著疲倦，而且精神愈增，這便是趣味濃厚的明證。不過在初學之人，因為未窺門徑，容易發生厭倦，必須經過忍耐時期，自然漸入佳境了。

第四章　太極拳的練法

太極拳的動作，通稱「練架子」，亦稱「盤架子」。只要有方丈之地，便可練習。在一般事務紛繁的人，早晚最好練習兩次，每次約費一刻鐘至半點鐘，便可得到卻病延年的奇效。倘是兼學實用的技能，每日可練習推手，因為練架子為體，推手為用，推手須二人對練，將來另有專篇的敘述。

練架子以前的準備，須注意左列各點：

太極拳的特色，既係身心雙修，所以它的練法，也和其他拳術不同，而須從體質及精神兩方面準備。關於體質方面的準備如左：

一、虛靈頂勁

頂勁就是頭容正直，彷彿有勁貫頂的意思。頭為一身的主宰，頭容正直，精神纔能振作；不過正直之中，宜含虛靈（即不用力）之意，方為

合法。十三勢歌有「滿身輕利頂頭懸」，便是指此而言的。

二、涵胸拔背

涵胸，是胸部向內微凹，使橫膈下降，以為氣沉丹田的幫助。拔背，是背部向外微凸，使脊柱垂直，力發於背。

三、鬆腰垂臀

鬆腰，即使腰部輕鬆的意思。太極拳的轉動變化，皆係於腰，故有「命意源頭在腰隙」之說。腰部舒展，不但氣易下沉，運轉靈敏，而且下部得力，不致有上重下輕的弊病。垂臀，是使臀部下垂，不向外突，凡蹲身時宜注意，才不致為鬆腰的障礙。

四、沉肩墜肘

肩不沉，則胸廓以上皆受束縛，氣向上逆；肘不垂，則力不能長，而兩肋亦失其保護。

以上四項，都是著重吾人生理上自然的姿勢，力避矜持的態度，使

得全身鬆開，然後才能輕靈變化，圓轉自如。至於涉於精神方面的準備，則有左列的二項：

一、純以意行

太極拳最忌用力，對於各種動作，須以意貫注之，如導引家的運氣一樣，譬如兩手上舉，並非手自行向上，而是意使之向上，意不停則手不停，意一斷則手即不動，日久自能養成一種想像力，所謂「以心運氣，以氣運身」，此為吾人心理支配生理之妙用。初學的人能知此理，能知不妄用力，對於平淡無奇的練法，便容易漸入佳境，而不致有厭倦的意思了。

二、形神合一

太極所練在神，故練架子的時候，精神必須提起，使與肢體的運動合而為一，然後才能感覺敏銳，舉動輕靈呢。

第五章　幾種重要的基本動作

一、步　法

㈠平行步

兩足並列，相距約一橫足的地位，與肩的闊度相等，足尖部與足跟部的闊度亦相等。例如「太極起式」「手揮琵琶」等，均為此種步法。如圖1。

㈡虛　步

有左虛步右虛步的分別，係由平行步變換而成。即按平行步的地位，一腿彎曲，全身坐於其上；另一足向前伸出，腿部筆直，足尖翹起，使向上成直線。足跟微著地。臀部略向後

圖1　平行步

欹。例如「太極出手」及「攬雀尾」㈠等。如圖2。

㈢丁字步

由虛步或弓步等變換而成。如由虛步變換時，一足不動，另一足尖轉向內方，（足跟不動）與其不動之一足成為丁字式。例如「單鞭」㈠「斜摟膝拗步」㈡等。如圖3。

㈣騎馬步

兩足分立，略如平行步而距離約加一倍，左足的位置略後於右足。兩腿彎曲，全身平均坐於其上。例如「單鞭」㈡與「扇通背」㈡等。如圖

圖2　虛步

圖3　丁字步

4。

㈤弓　步

凡一腿彎曲一腿伸直略為半弓形狀的，皆為弓步。太極拳中用此步之處甚多。例如「摟膝拗步」「搬攔捶」，「雲手」「下勢」等。如圖5－1～2。

圖4　騎馬步

圖5-1　弓步

圖 5-2　弓步

二、腳　步

㈠踢　腳

即用腳尖向前挑起，腳面宜平，腳尖挺出。其所踢的高度，可僅能力之所及。但宜慢慢提起，而非如外家之向上直踢也。例如「披身踢腳」是。如圖6。

圖 6　踢腳

㈡蹬　腳

其式略與踢腳同。但踢腳的用意在腳尖，而此則用意在腳跟。足尖向內鉤，足跟向外挺。例如「轉身蹬腳」是。如圖7。

㈢擺蓮腳

腿腳圓轉如風之擺蓮，所以稱做擺蓮腳。腿提起時略成圓轉的形狀，其用意在足的外側面。如圖8。

三、掌　法

㈠陽　掌

無論手掌或立或橫，凡手心向外或是向上的，皆稱做陽掌。作陽掌

圖7　蹬腳

圖8　擺蓮腳

時，手尖翹起，手指微舒，肘尖下墜，前臂微向下彎。例如「太極出手」之右手，「提手上勢」等。如圖9。

㈡陰　掌

即掌心向下或向內的內的名稱。作陰掌時，手背與臂成平行線，手指微舒，例如「太極出手」之左手，「攬雀尾」㈡之左右手是。如圖10。

㈢立　掌

立掌形式與陰掌同。惟掌立起，掌心或掌背分向左右。指尖向上或向前。例如「攬雀尾」㈠「下勢」等。

圖9　陽掌

圖10　陰掌

如圖11。

四、拳 法

太極拳之拳法稱做捶法。其形式可分手與臂兩部分說明。手握成拳時，食、中、無名，小指等宜微鬆捲起，外面甚平。拇指前節垂直，加於食中兩指之上。手背與臂成直線。肘下垂。（各種捶法皆本此意）例如「肘底看捶」「搬攔捶」等。如圖12。

圖 11　立掌

圖 12　拳

五、爪 法

五指集攏，向下垂直，如雀爪提起時的形狀。手尖與腕部略成半圓形，例如「單鞭」是。如圖13。

圖 13 爪

第六章 太極拳

一、太極起式

面南而立，眼向前看。兩手下垂，手背向外，手指微舒。兩腳分開為平行步，（參看平行步圖）約與兩肩的闊度相等。然後手指徐徐翹起。如圖1。

圖1 太極起式

二、太極出手

依前方向，（以下各圖同）兩臂向前提起，至胸前則左臂變為半環形，掌與面對。（此為陰掌參看陰掌圖）右手前臂略攏向左方，掌心向外，（此為陽掌參看陽掌圖）指尖與左臂之彎處相平，距離約三四寸。左腳同時向前伸出，腳跟著地，腳尖翹起略向上成直線，是為虛步。

圖2　太極出手（正面）

圖2　太極出手（側面）

（參看虛步圖）右腿彎曲以蹲低為妙。全身坐於右腿。眼看左手心。如圖2正面側面兩圖。

三、攬雀尾㈠

左腳跟落實，腳尖徐轉向西，成為丁字步。（參看丁字步圖）右手隨腰轉向西，緩向上伸，超出左手；成立掌（參看立掌圖），與頭頂成直線。同時左手攏向西，亦成立掌，斜向上指，貼近於右手的腕部。兩

肘尖下垂。兩臂略成半圓形。當移轉時，左腿彎曲，全身坐於左腿。右腳提伸於前方，作虛步。眼看正西，如圖3。

四、攬雀尾㈡

右手略向下沉，掌向上仰，指尖與鼻成直線。左手仍貼近於右手腕部。兩臂同時縮回，右肘尖略近於右脇，步法不動。眼看右手心。如圖4。

五、攬雀尾㈢

身向前傾，頭部略過右腳尖為止。右臂略伸直。左手仍貼近於右腕

圖3　攬雀尾(一)

圖4　攬雀尾(二)

部。右腿彎曲，膝挺向前。全身坐於右腿，成弓步（參看弓步圖）。左腿伸直。眼看右手心。如圖5。

六、攬雀尾㈣

右臂向右平引。左手依前式隨之，旋轉成半圜形；身腰亦隨之轉動；及至旋至終點，右手心轉向西南，左手仍貼近於右腕部。腰略向後倚，重心移於左腿。右腿伸直，腳尖上翹，腳心與右手心為同一方向，成虛步。眼看西南。如圖6。

七、單鞭㈠

全身略向西南傾。右手依同一方

圖5　攬雀尾㈢

圖6　攬雀尾㈣

向前推，臂略成直形。右腿變實。右腳尖移向南，與左腿成丁字步。眼看西南。如圖7。

八、單鞭(二)

右手指齊向下攏，成鷹爪式（參看爪圖）。左腳依原方向後退半步，腳跟落地。左手離開右腕部，成陰掌，平向東引；視線隨之移動；及至轉到東南，則手心翻成陽掌。同時左腳尖亦隨左手向東南挪。全身向下蹲坐，成騎馬步（參看騎馬步圖）。眼看左手背。如圖8。

圖7　單鞭(一)

圖8　單鞭(二)

九、提手上勢㈠

左腳尖挪向正南，全身坐於左腿。左手依原式攏向胸前，視線隨之。右手鷹爪伸開，隨臂下沉，攏向東南方，略成半圜形，成陰掌，與左手縱橫環抱。同時右腳提起，挪向東南，成虛步。腳尖南指。眼看南方。如圖9正面側面兩圖。

圖9　提手上勢(正面)

圖9　提手上勢(側面)

一〇、提手上勢㈡

身向前傾。右腳落實成弓步。右臂徐向上提；左手則同時下沉，與臂成垂直線，指尖上翹。右手提至額部之上，轉成陽掌，手背距額部約一拳許。左腳移前，與右腳並立，成平行步。兩腿微彎。眼看南方。如圖10。

一一、白鶴晾翅㈠

頭與胸向前略俯，全身宛如弓形。然後腰部轉向東方。眼看左手背。如圖11。

圖10　提手上勢(三)

圖11　白鶴晾翅(一)

一二、白鶴晾翅㈡

左臂向東提起，與肩平，成陽掌；視隨線之轉向西南。腰身則轉向正南。同時右手略向西引，與左手作相等之距離。眼看東方。如圖12。

一三、摟膝拗步㈠

左腳尖右腳跟同時翹起，轉向正東，略成虛步。左臂降下成為垂直線，手掌翹起。右手亦向東推出，成陽掌。左足由虛而實，成弓步。眼看正東。如圖13。

一四、摟膝拗步㈡

腰向後倚，全身坐於右腿。左腿

圖12　白鶴晾翅(二)

圖13　摟膝拗步(一)

由實而成虛步。同時左臂提起，成立掌。右臂縮回，右手亦成立掌，指尖貼於左腕部。眼看正東。如圖14。

一五、摟膝拗步㈢

左手下降成垂直線，指尖翹起。右手推出。身向前俯。左腿變為弓步。眼看正東。如圖13，可參考。

一六、摟膝拗步㈣

右腳前進一步成弓步。右手降下，繞右膝前落於其側，成垂直線，指尖翹起。左手提起，向前推出，至終點時成陽掌，掌後部向前微挺。眼看正東。如圖16。

圖14　摟膝拗步(二)

圖16　摟膝拗步(四)

一七、摟膝拗步(五)

左腳前進一步，仍成弓步。左手降下繞左膝前落於其側，成垂直線，指尖翹起。右手提起，向前推出，至終點時成陽掌，掌後部向前微挺。眼看正東。如圖13，可參考。

一八、摟膝拗步(六)

動作及形式均與圖14同，可參考。

一九、手揮琵琶(一)

左腿變成弓步。左手變成陽掌，向前推出，但手背與前臂略成直線。右手變成陰掌，指尖貼於左腕部。眼看左手背。如圖19。

二〇、手揮琵琶(二)

右腳前進成平行步。兩腿微曲。

圖19　手揮琵琶(一)

右手下降，肘尖貼近右脇。掌心如托物狀。左手與視線均不動。如圖20。

二一、**進步搬攔捶**(一)

左腳向前一步成弓步。兩手均成立掌，向前伸出。右手指尖貼於左腕部。眼看正東。如圖21。

二二、**進步搬攔捶**(二)

腰向後倚，全身坐在右腿。左腿成虛步。右掌改拳（參看拳圖）後縮至胯旁，左手與視線均不動。如圖22。

二三、**進步搬攔捶**(三)

左腿變成弓步。右拳提起，向前

圖20　手揮琵琶(二)

圖21　進步搬攔捶(一)

挺出。左掌略向後縮，貼近於右前臂的肘彎部。視線不動。如圖23。

二四、如封似閉(一)

左掌由右臂下方旋轉於右臂的外側，手心貼於右臂。步法視線均不動。如圖24。

圖22　進步搬攔捶(二)

圖23　進步搬攔捶(三)

圖24　如封似閉(一)

二五、如封似閉㈡

全身向後倚，左腿變成虛步。右拳展開向南引；左掌則向北引。左手心與右手背互擦而過，均成陰掌，作駢列狀。眼看正東。如圖25。

二六、豹虎推山㈠

左腿向前彎曲成弓步。兩手同時轉成陽掌，向前推出。如圖26。

二七、豹虎推山㈡

兩臂沉下成垂直線，指尖翹起。如圖27。

圖25　如封似閉(二)

圖26　豹虎推山(一)

二八、十字手㈠

兩腳尖隨腰身轉向正南，右腿成弓步。兩臂分展東西，略提起。眼看正南。如圖28。

圖27　豹虎推山(二)

圖28　十字手(一)

二九、十字手㈡

左腳前進成平行步，兩腿微曲。兩臂同時向上提起，交互成十字狀。眼看正南。如圖29。

三〇、斜摟膝拗步

左腳尖右腳跟同時蹺起，轉向東南，成虛步。左手落下成垂直線，指尖翹起。左足向前一步成弓步。右手向前推出，至終點時，掌心微挺。眼看東南。如圖30。

三一、翻身斜摟膝拗步

左腳先轉向後方；右腳繼之；腳尖西北向。右手落下成垂直線。左臂

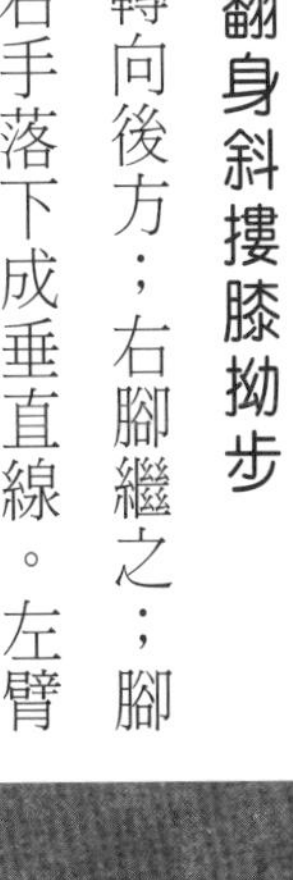

圖29　十字手（二）

圖30　斜摟膝拗步

提起，隨身後轉，至轉向西南時，右腳向東北挪開半步，成弓步。左手向前推出，至終點時，掌心微挺。眼看西北。如圖31。

三二、攬雀尾㈠

腰向後倚。右腳由弓步改為虛步。右手提起，雙手均成立掌。左手指尖貼近於右腕部。眼看西北。其形式與圖3同，可參考。

三三、攬雀尾㈡

動作同圖4，可參考。但方向改向西北。

三四、攬雀尾㈢

動作同圖5，可參考。但方向改向西北。

圖31　翻身斜摟膝拗步

三五、攬雀尾㈣

動作同圖6，可參考。但方向改向西北。

三六、斜單鞭㈠

動作同圖7，可參考。但方向改向正西。

三七、斜單鞭㈡

動作同圖8，可參考。但身向西南，眼看東南。

三八、肘底看捶㈠

左腳尖移向正東。右腳向南挪一步，腳尖向東，與左腳成弓步。左臂依原式平引向東方。右手鷹爪伸開成陰掌，平引向南。眼東看。如圖38。

圖38　肘底看捶㈠

三九、肘底看捶㈡

腰向後倚。左腳改為虛步。右手平引於左肘尖之下，改握為拳。同時左手肘尖下沉，掌亦改為拳。眼看正東。如圖39。

四〇、肘底看捶㈢

身向前傾。左腿改為弓步。左拳轉為陽掌，向前推出。右拳隱於左肘之底。眼看正東。如圖40。

四一、倒輦猴㈠

腰向後倚。左腿復改為虛步。左掌向北作一半圓圈。復伸於面部之左前方。仍為陽掌，掌心向東。右手改

圖39　肘底看捶(二)

圖40　肘底看捶(三)

拳為掌，略向下垂。眼看東方。如圖41。

四二、倒輦猴㈡

左腳後退一步，與右腿成弓步。左手依原式。右手下垂，貼近於膝外側。眼東看。形式與圖16同，可參考。

四三、倒輦猴㈢

右腳後退一步，與左腳成弓步。左手提起，向前推出，至終點時，掌心微挺。右手落下成垂直線，貼近於膝外側。眼東看。形式與圖13同，可參考。

四四、倒輦猴㈣

左腳後退一步，與右腳成弓步。右手提起，向前推出，至終點時，掌心微挺。右手落下成垂直線，貼近於膝外側。眼東看。形式與圖16

圖41　倒輦猴㈠

同，可參考。

四五、斜飛勢㈠

左手翻掌心向上，略縮向後，指尖與鼻尖成一直線。如圖45。

四六、斜飛勢㈡

左腳向前一步成弓步，左掌向前伸出，胸部扭向正南，右手掌向西南推出，與左手成斜直線。眼看右手背。如圖46。

圖45　斜飛勢（一）

圖46　斜飛勢（二）

四七、提手上勢(一)

兩腳尖同時轉向正南，右腿成弓步。身向前傾。左手引向西南至胸前為止，成陽掌。右手攏回作迴抱狀。與左手縱橫相對。眼看正南。如圖47。

圖47　提手上勢(一)

四八、提手上勢(二)

右腳向前一步，與左腳成平行步。腿微曲。其餘動作及形式，均與圖10同，可參考。

四九、白鶴晾翅(一)

動作及形式，均與圖11同，可參考。

五〇、白鶴晾翅(二)

動作及形式，均與圖12同，可參考。

五一、摟膝拗步

動作及形式，均與圖13同，可參考。

五二、海底針㈠

動作及形式，均與圖14同，可參考。

五三、海底針㈡

左腳改足尖著地。右手指尖斜插於下方。左肘依原式下沉，掌心略貼近於右臂彎。全身下坐。眼看東方。如圖53。

五四、扇通背㈠

左腳向前半步成為弓步。兩臂依

圖53　海底針㈡

圖54　扇通背㈠

原式向上提起，右臂與肩成平行線。眼看東方。如圖54。

五五、扇通背㈡

兩腳尖略轉向南，成騎馬步。左臂不動。右臂轉掌心向外，右肘尖徐抽向西。至指尖與右額角接近為止。眼看左手背。如圖55。

五六、翻身撇身捶㈠

兩腳尖齊轉向西，右腿成虛步。左手攏回至胯際，改握成拳。右臂向右伸開，然後攏回至左脇，亦改握成拳。眼看南方。如圖56。

圖55　扇通背㈡

圖56　翻身撇身捶㈠

圖57-1　翻身撇身捶（二）（側面）

五七、翻身撇身捶(二)

右腳向前半步成弓步。右前臂翻轉向西，腕仰向上。左拳改為立掌，豎於右拳之上。眼西看。如圖57正面側面二圖。

圖57-2　翻身撇身捶（二）（正面）

五八、卸步搬攔捶㈠

腰向後倚。左腳成虛步。右拳立起，貼於左腕部。眼西看。如圖58。

五九、卸步搬攔捶㈡

右腳後退一步。左腳成虛步。左手不動。右拳抽回貼於胯際。眼西看。如圖59。

六〇、卸步搬攔捶㈢

身向前傾。左腿成弓步。右拳挺向前方，左手貼於右臂彎。眼西看。如圖60。

六一、上步攬雀尾㈠

腰向後倚。左腿成虛步。右拳改

圖58　卸步搬攔捶㈠

圖59　卸步搬攔捶㈡

為陽掌，肘尖縮至脇際。左手則按於右腕部。眼西看。如圖61。

六二、上步攬雀尾㈡

右腳向前一步成弓步。其餘動作及形式均與圖5同。可參考。

六三、上步攬雀尾㈢

動作形式，均與圖6同，可參考。

六四、單鞭㈠

動作及形式，均與圖7同，可參考。

六五、單鞭㈡

動作及形式，均與圖8同，可參考。

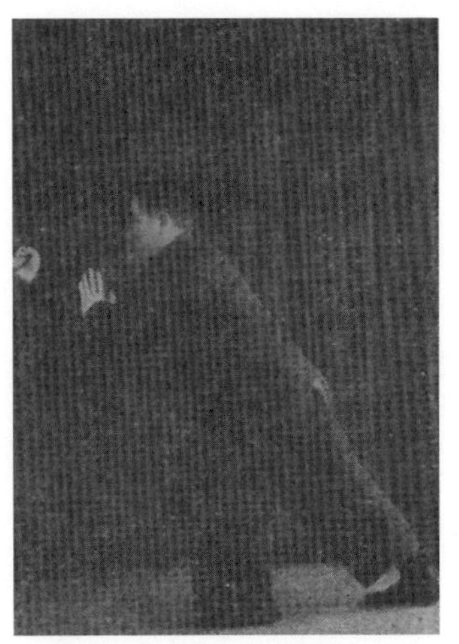

圖60　卸步搬攔捶(三)

圖61　上步攬雀尾(一)

考。

六六、雲手㈠

兩腳尖同時轉向西南，右腿成弓步。左臂垂直向下抄至右腕下。右手手指舒開，成陽掌。眼看西南。如圖66。

六七、雲手㈡

兩腳尖轉向東南，右腿成弓步。身腰亦同時扭轉向東。右手依原式平引向東，成陰掌；視線隨之；至終點則轉成陽掌。右手臂垂直向下抄至左腕下。如圖67。

圖66　雲手(一)

圖67　雲手(二)

六八、雲手㈢

右腳東進一步，與左腳成平行步。然後右腳尖轉向西，左腳跟則東進一步，與右腿成弓步。身體扭轉向西。右手依原式平行向西成陰掌；視線隨之；至終點則轉成陽掌。左臂垂直向下抄至右腕下。如圖68。

六九、雲手㈣

動作及形式，均與圖67同，可參考。

七〇、雲手㈤

動作及形式，均與圖68同，可參考。

七一、單鞭

動作及形式，均與圖8同，可參考。

圖68　雲手㈢

七二、左高探馬

右腳尖轉向東方。身體扭向正東。左腳提起，縮回成虛步，腳尖落地。左手轉成陽掌；掌心向上。左臂縮回，肘尖貼於左脇。右手鷹爪伸開，前臂擺至胸前，手成立掌，推進於右掌的上方。眼看正東。如圖72。

七三、左披身

左腿向前半步，與右腿成弓步。右腕貼於左腕上，向東北扭，左腕則隨之向西南扭。至交互成十字狀時，手掌改握為拳。同時兩臂上升，至兩拳與頭頂成平行線為止。眼看東南。如圖73。

圖72　左高探馬

圖73　左披身

七四、踢右腳

右腳提起，踢向東南。腳面與腿略成平行線。同時右臂向東南展開。與右腿成同一方向。左臂則展向北方。兩手均改立掌。眼看東南。如圖74。

七五、右高探馬

右腳落地，在左足的前一步，成弓步。腳尖向東，右臂縮回，右手則改為陽掌，左臂攏至胸前，手成立掌，推進於右掌的上方。眼看正東。如圖75。

圖74　踢右腳

圖75　右高探馬

七六、右披身

步法不動。左腕貼於右腕上，向西南扭；右腕則隨之向東北扭，至交互成十字狀時，手掌改握為拳，同時兩臂上伸，至兩拳與頭頂成平行線為止。眼看東北。如圖76。

七七、踢左腳

左腳提起，踢向東北，腳面與腿略成平行線。同時左臂向東北展開，與左腿成同一方向。右臂則展向南方。兩手均改立掌。眼看東北。如圖77。

圖76　右披身

圖77　踢左腳

七八、轉身蹬腳㈠

右腳尖轉向北方，左腳收回，腳尖縮至右膝旁。身體亦扭向正北。兩臂縮回，兩手改握為拳，交互成十字狀，同左右披身之拳法。眼看西北。如圖78。

七九、轉身蹬腳㈡

右腳尖轉向西北，身亦隨之移動。左腳向西蹬起，腳尖上翹，腳跟微向外挺。左臂向西展開，與左腿成同一方向。右臂展向西北。兩手均改立掌。眼看正西。如圖79。

圖78　轉身蹬腳（一）

圖79　轉身蹬腳（二）

八〇、摟膝拗步㈠

左腳落地成弓步。左臂落下成垂直線，指尖翹起。右臂攏向胸前，復推進於西方。至終點時，掌心微挺。眼看正西。如圖80。

八一、摟膝拗步㈡

動作及形式，均與圖16同，可參考。惟方位向西。如圖81。

圖80　摟膝拗步(一)

圖81　摟膝拗步(二)

八二、進步栽捶

左腳上前一步，成弓步。右手提至右耳旁，改握成拳，斜栽於前方。左手向左旋成一圈，至終點時，貼於右臂彎。眼看右拳，如圖82。

八三、翻身撇身捶

左腳尖右轉向東，成弓步。全身亦隨之翻轉向東。右腳落於左腳前一步。左手不動，右前臂縮至胸前，至右腳落地時，右臂舒開伸向前方，腕部向上。左手成立掌，豎於右拳的上方。眼看正東。如圖83。

圖82　進步栽捶

圖83　翻身撇身捶

八四、進步左高探馬

左腳進前一步成弓步。左手翻成陽掌，右拳伸開成立掌，豎於左掌的上方。眼看正東。如圖84。

圖84　進步左高探馬

八五、左披身

動作及形式，均與圖73同，可參考。

八六、踢右腳

動作及形式，均與圖74同，可參考。

八七、退步打虎㈠

右腳向西北退一步，左腿改為弓步。右臂不動，左手用拋物線式由上方向東南揚下，略近右腕部。眼看東南。如圖87。

圖87　退步打虎(一)

圖88　退步打虎(二)

八八、退步打虎㈡

左腳向西北後退一步。右腳改為虛步，腳尖著地。兩手均改陰掌，履向西北，右手落至腹前為止；左手揚上至左額角的上方。成陽掌。眼看東南。如圖88。

八九、退步打虎㈢

右腳提起，腳尖至腹之前方。左手改握為拳。右臂攏回，肘尖與右膝蓋貼近。掌改為拳。餘如前式。如圖89正面側面二圖。

圖89-1　退步打虎(三)(正面)

九〇、右分腳

右腳向西南蹬出。兩手左右分開。形式與圖74同，並參看圖90。

九一、雙峰貫耳(一)

右腳落地，與左腳成弓步。兩臂攏回下曲於腹前，指尖相對。眼東

圖90　右分腳

圖89-2　退步打虎(三)(側面)

看。如圖91。

九二、雙峰貫耳(二)

依原式兩臂分開，提升於額前。掌改為拳，虎口相對。如圖92正面側面二圖。

九三、翻身二起腳(一)

右腳尖轉向南方，與左腳成丁

圖91　雙峰貫耳(一)

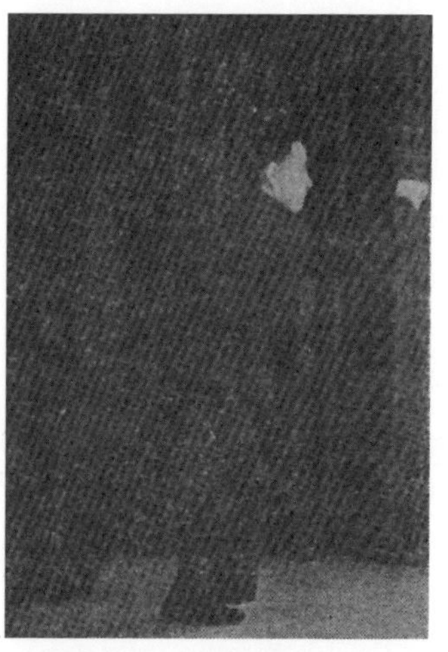

圖92-1　雙峰貫耳(二)
(正面)

圖92-2　雙峰貫耳(二)
(側面)

字式。右拳不動。左拳平向南引，貼於右腕部，成交互十字狀。眼看東方。如圖93。

九四、翻身二起腳(二)

左腳向東踢出。兩臂左右展開，拳改為立掌。略如圖77。

九五、翻身二起腳(三)

右腳尖右轉向西，左腳不落地，隨身旋轉至腳尖正對西方為止。兩手改握成拳，攏回成交互十字狀。眼看西方。如圖95。

九六、翻身二起腳(四)

左腳落地，腳尖西北指。同時與

圖93　翻身二起腳(一)

圖95　翻身二起腳(三)

右腳右轉正東，右腳成虛步。兩手不動。眼看正東。如圖96正面側面二圖。

九七、翻身二起腳㈤

右腳向東蹬出。其餘形式，略與圖74同。可參考。

九八、右高探馬

動作及形式，均與圖75同。可參考。

九九、進步搬攔捶㈠

左腳向前一步成弓步。兩手改為立掌，向前推出。右手指尖貼近於左腕部。眼看正東。如圖21。

圖96-1　翻身二起腳（四）（側面）

圖96-2　翻身二起腳（四）（正面）

一〇〇、進步搬攔捶㈡
動作及形式，均與圖22同，可參考。
一〇一、進步搬攔捶㈢
動作及形式，均與圖23同，可參考。
一〇二、如封似閉㈠
動作及形式，均與圖24同，可參考。
一〇三、如封似閉㈡
動作及形式，均與圖25同，可參考。
一〇四、豹虎推山㈠
動作及形式，均與圖26同，可參考。
一〇五、豹虎推山㈡
動作及形式，均與圖27同，可參考。

一〇六、十字手㈠

動作及形式，均與圖28同，可參考。

一〇七、十字手㈡

動作及形式，均與圖29同，可參考。

一〇八、斜摟膝拗步

動作及形式，均與圖30同，可參考。

一〇九、翻身斜摟膝拗步

動作及形式，均與圖31同，可參考。

一一〇、攬雀尾㈠

動作及形式，均與圖32同，可參考。

一一一、攬雀尾㈡

動作及形式，均與圖33同，可參考。

一一二、攬雀尾㈢

動作及形式，均與圖34同，可參考。

一一三、攬雀尾㈣

動作及形式，均與圖35同，可參考。

一一四、斜單鞭㈠

動作及形式，均與圖7同，可參考。

一一五、斜單鞭㈡

動作及形式，均與圖8同，可參考。

一一六、野馬分鬃㈠

左腳尖轉向西方。右腳尖向西南挪半步，成虛步。兩手改為立掌，攏向胸前，左手指貼於右腕部。眼看正西。略如圖3，可參考。

一一七、野馬分鬃㈡

步法不動。左掌上攏，靠近右肩。右掌下垂，停於左胯前方。眼看

西北。如圖117正面側面二圖。

一一八、野馬分鬃㈢

右腳向前半步成弓步。左掌由右肩向東南掠下。右掌則向西北揚起，與左掌互擦而過。身亦隨右臂欹向西北，略作側臥狀。眼看左手背。如圖118。

圖117-1　野馬分鬃(二)(正面)

圖117-2　野馬分鬃(二)(側面)

圖118　野馬分鬃(三)

一一九、野馬分鬃(四)

步法不動。右掌上攏，貼近左肩。左臂下垂，停於右胯之前方。眼看西南。如圖119。

一二〇、野馬分鬃(五)

左腳向前一步成弓步。右掌由左肩向東北掠下。左掌則向西南揚起，與右掌互擦而過。身亦隨左臂欹向西南。眼看右手背。如圖120。

圖119　野馬分鬃(四)

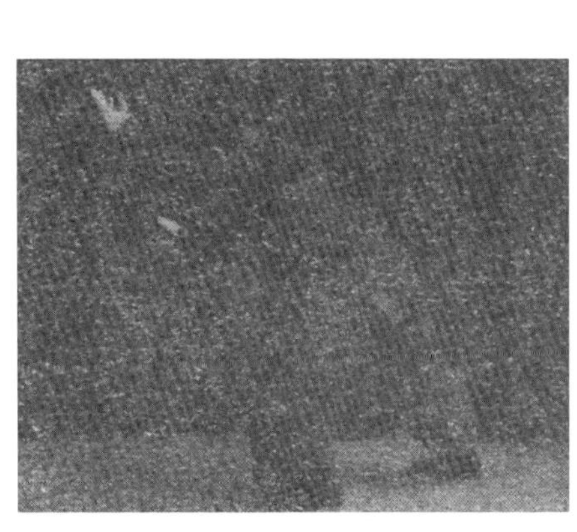

圖120　野馬分鬃(五)

一二一、野馬分鬃㈥

步法不動。手眼動作，與圖117同，可參考。其形式如圖121。

一二二、野馬分鬃㈦

右腳向前一步，成弓步。其餘動作及形式，均與圖118同，可參考。

一二三、野馬分鬃㈧

右腳縮回成虛步。手眼動作均與圖116同，可參考。

一二四、野馬分鬃㈨

動作及形式，均與圖117同，可參考。

一二五、野馬分鬃㈩

動作及形式，均與圖118同，可參考。

圖121　野馬分鬃（六）

一二六、玉女穿梭㈠

動作及形式，均與圖119同，可參考。

一二七、玉女穿梭㈡

左腳向前一步成弓步。左臂提起，曲向胸前成陰掌。右手指貼於左前臂中段，隨同左臂向左旋轉一圓圈，及至轉到終點時，左腳改為虛步。同時左手心轉成陽掌；身復前傾；左腳仍成弓步。眼看西南。如圖127。

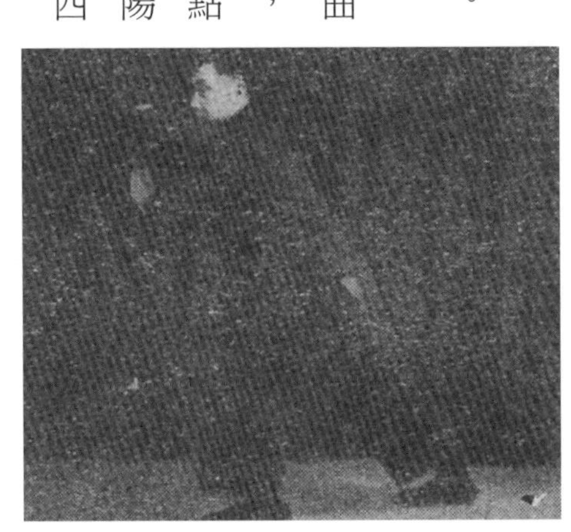

圖127　玉女穿梭(二)

一二八、轉身玉女穿梭㈠

動作及形式，均與圖121同，可參考。

一二九、轉身玉女穿梭㈡

左腳尖右轉向東。身體隨之。當扭轉正東時，右腳提起向東南挪半

步，成弓步。右臂提起，曲向胸前，成陰掌，左手指貼於右前臂中段，隨同右臂向右旋轉一圓圈，及至轉到終點時，右腳改為虛步；同時右手變成陽掌。身復前傾；右腳仍成弓步。眼看東南。如圖129。

一三〇、野馬分鬃㈠

左腿改為虛步。兩手改為立掌。左指尖貼於右腕部。眼看正東。如圖130。

一三一、野馬分鬃㈡

動作及形式，均與圖117同，可參考。惟方向相反，如圖131。

圖129　轉身玉女穿梭(二)

圖130　野馬分鬃(一)

一三二、野馬分鬃㈢

動作及形式，均與圖118同，可參考。惟方向相反，如圖132。

一三三、玉女穿梭㈠

動作及形式，均與圖119同，可參考。惟方向相反，如圖132。

圖131　野馬分鬃(二)

圖132　野馬分鬃(三)

圖132　玉女穿梭(一)

一三四、玉女穿梭㈡

動作及形式，均與圖127同，可參考。惟方向相反，如圖134。

一三五、轉身玉女穿梭㈠

動作及形式，均與圖121同，可參考。惟方向相反，如圖135。

一三六、轉身玉女穿梭㈡

動作及形式，均與圖126同，可參考。惟方向相反，如圖136。

一三七、攬雀尾㈠

動作及形式，均與圖130同，可參考。惟方向相反。

圖134　玉女穿梭(二)

圖135　轉身玉女穿梭(一)

一三八、攬雀尾㈡

動作及形式，均與圖4同，可參考。

一三九、攬雀尾㈢

動作及形式，均與圖5同，可參考。

一四〇、攬雀尾㈣

動作及形式，均與圖6同，可參考。

一四一、單鞭㈠

動作及形式，均與圖7同，可參考。

一四二、單鞭㈠

動作及形式，均與圖8同，可參考。

圖136　轉身玉女穿梭(二)

一四三、雲手㈠

動作及形式，均與圖66同，可參考。

一四四、雲手㈡

動作及形式，均與圖67同，可參考。

一四五、雲手㈢

動作及形式，均與圖66同，可參考。

一四六、雲手㈣

動作及形式，均與圖67同，可參考。

一四七、雲手㈤

動作及形式，均與圖66同，可參考。

一四八、單鞭

動作及形式，均與圖8同，可參考。

一四九、下勢㈠

兩腳尖同轉向東，左腿成弓步。左手變成立掌，右手鷹爪伸開亦成立掌，取拋物線式揚向正東。指尖貼於左腕部。眼看正東。略如圖21。

一五〇、下勢㈡

右腳向西南略退，腳尖南向。全身蹲下，重心落於右腿。左臂斜向下指，右臂抽回於胸前，指尖貼近左臂彎。眼看左腳尖。如圖150。

圖150　下勢(二)

一五一、金雞獨立㈠

身向前傾，左腿成弓步。左手向上提起，略成立掌。右手臂下垂，眼東看。如圖151。

圖151　金雞獨立(一)

圖152　金雞獨立(二)(正面)

圖152　金雞獨立(二)(側面)

一五二、金雞獨立㈡

右腳提起，腳尖升於腹之前方。右臂亦隨之提起，升於額上，成陽掌。左臂略向下沉，成陰掌，指尖翹起。眼看正東。如圖152正面側面二圖。

一五三、金雞獨立㈢

右腳落下成弓步。右手落下成陰掌。左

手提起成陽掌。兩手背交互成十字狀。眼看東方。如圖153。

圖153　金雞獨立（三）

一五四、金雞獨立(四)

左腳提起，腳尖升於腹之前方。右手依原式樣下沉，貼於左肘尖。左手向左旋轉一圈，貼近於左額之上方，成陽掌。眼看正東。如

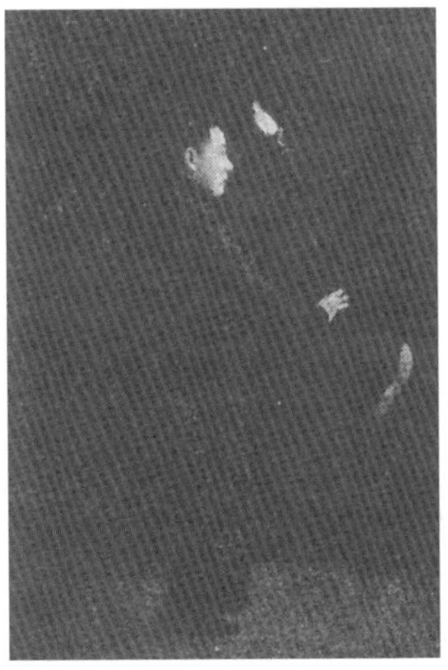

圖154-1　金雞獨立（四）（正面）

圖154-2　金雞獨立（四）（側面）

圖154正面側面二圖。

一五五、倒輦猴㈠

左腳退後一步成弓步。左手落下推於前方，至臂近直時，掌心微挺。右臂垂直落於右膝之側，指尖上翹。眼看正東。如圖42，可參考。

一五六、倒輦猴㈡

動作及形式　均與圖43同，可參考。

一五七、倒輦猴㈢

動作及形式，均與圖44同，可參考。

一五八、斜飛勢㈠

動作及形式，均與圖45同，可參考。

一五九、斜飛勢㈡

動作及形式，均與圖46同，可參考。

一六〇、提手上勢㈠
動作及形式，均與圖47同，可參考。
一六一、提手上勢㈠
動作及形式，均與圖48同，可參考。
一六二、白鶴晾翅㈠
動作及形式，均與圖49同，可參考。
一六三、白鶴晾翅㈡
動作及形式，均與圖50同，可參考。
一六四、摟膝拗步
動作及形式，均與圖51同，可參考。
一六五、海底針㈠
動作及形式，均與圖52同，可參考。

一六六、海底針㈡

動作及形式，均與圖53同，可參考。

一六七、扇通背㈠

動作及形式，均與圖54同，可參考。

一六八、扇通背㈡

動作及形式，均與圖55同，可參考。

一六九、翻身撇身捶㈠

動作及形式，均與圖56同，可參考。

一七〇、翻身撇身捶㈡

動作及形式，均與圖57同，可參考。

一七一、進步搬攔捶㈠

右腿向前一步成弓步。左手向前伸出。右拳立起貼於左腕部。眼看正西。如圖171。

一七二、進步搬攔捶(二)
動作及形式，均與圖59同，可參考。
一七三、進步搬攔捶(三)
動作及形式，均與圖60同，可參考。
一七四、上步攬雀尾(一)
動作及形式，均與圖61同，可參考。
一七五、上步攬雀尾(二)
動作及形式，均與圖62同，可參考。
一七六、上步攬雀尾(三)
動作及形式，均與圖63同，可參考。
一七七、單鞭(一)
動作及形式，均與圖7同，可參考。

圖171　進步搬攔捶(一)

一七八、單鞭㈡

動作及形式，均與圖8同，可參考。

一七九、雲手㈠

動人及形式，均與圖66同，可參考。

一八〇、雲手㈡

動作及形式，均與圖67同，可參考。

一八一、雲手㈢

動作及形式，均與圖66同，可參考。

一八二、雲手㈣

動作及形式，均與圖67同，可參考。

一八三、雲手㈤

動作及形式，均與圖66同，可參考。

一八四、單鞭

動作及形式，均與圖8同，可參考。

一八五、左高探馬

動作及形式，均與圖72同，可參考。

一八六、披面掌

左腿向前半步成弓步。右手繞至左臂下，貼近至左腋下，成陽掌。左臂伸向前方，亦成陽掌。眼看正東。如圖186。

一八七、轉身十字擺蓮腳㈠

左腳跟右腳尖同時右轉向西南。右腳成虛步。身亦隨之扭轉，至正西為止。右手不動。左手略向北平引。眼看正西。如圖187。

圖186　披面掌

一八八、轉身十字擺蓮腳(二)

右腳提起，升於腹部之前方。踝骨成擺蓮式（參看擺蓮腳圖）。擦右腳尖而外向。左手掠向西南，右手與眼依原式。如圖188。

一八九、摟膝指襠捶(一)

右腳落地成弓步。右臂垂直落於右膝之外側，指尖翹起。左臂縮回改陽掌，向前推出，至終點時掌心微挺。眼看正西。如圖81，可參考。

一九〇、摟膝指襠捶(二)

左腳進前一步成弓步。右臂提

圖187　轉身十字擺蓮腳(一)

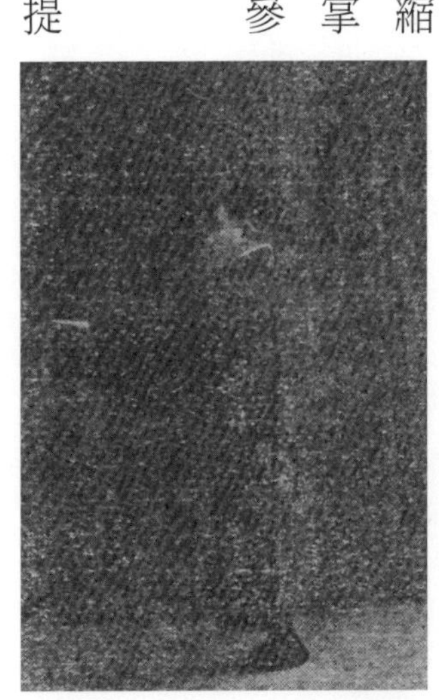

圖188　轉身十字擺蓮腳(二)

起，掌握成拳，斜伸於前方。同時左手向下旋成一圈，至終點時，貼於右臂彎。眼看西方。如圖190。

一九一、上步攬雀尾㈠

動作及形式，均與圖61同，可參考。

一九二、上步攬雀尾㈡

動作及形式，均與圖62同，可參考。

一九三、上步攬雀尾㈢

動作及形式，均與圖63同，可參考。

一九四、單鞭㈠

動作及形式，均與圖7同，可參考。

一九五、單鞭㈡

動作及形式，均與圖8同，可參考。

圖190　摟膝指襠捶㈡

一九六、下勢(一)

動作及形式，均與圖21同，可參考。

一九七、下勢(二)

動作及形式，均與圖150同，可參考。

一九八、上步七星(一)

動作及形式，均與圖151同，可參考。

一九九、上步七星(二)

右腳上前一步成虛步，但腳尖落地。右手提起成立掌，斜伸於前方。左手依原式，指尖貼於右腕部。眼看正東。如圖199。

二〇〇、退步跨虎(一)

右腳後退一步，左腿弓步。兩手

圖199　上步七星(二)

仍成立掌，作交互十字狀向下沉，左手加於右手之上。眼看兩手。如圖200。

二〇一、退步跨虎㈡

身向後倚，左腿先成虛步，然後提向南方，腳尖南指。同時兩手分開，左右提起，左手成鷹爪；右手改為立掌。眼看東方。如圖201正面側面二圖。

二〇二、轉身披面掌

右腳尖右轉向西，全身隨之扭轉，左腳落於右腳前方成弓步。同時右手攏至左腋下，左手鷹爪伸開成陽掌，向前伸出。眼看正西。如圖202。

圖200　退步跨虎㈠

圖201-1　退步跨虎（二）（正面）

圖201-2　退步跨虎（二）（側面）

圖202　轉身披面掌

二〇三、轉身擺蓮腳㈠

左腳跟右腳尖同時右轉向東。身亦隨之扭轉。左手攏回成陰掌，貼於右肩。右手離左腋向上揚起，成陽掌。升於頭頂之上方。眼看正東。如圖203。

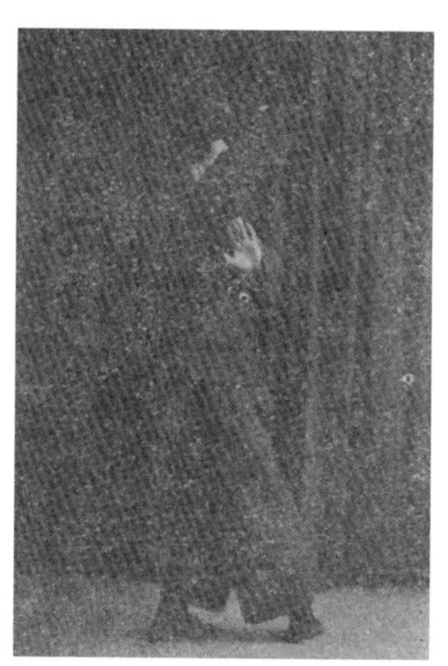

圖203　轉身擺蓮腳(一)

二〇四、轉步擺蓮腳(二)

左腿提起，向左成一圓圈，同時兩手次第由腳尖掠過。如圖204—1。右腳落地成虛步。兩手乘掠勢北趨，左手升於頭頂之上方成陽掌。右手落於左肩際成陰掌。眼看正東。如圖204—2。

圖204-1　轉身擺蓮腳(二)

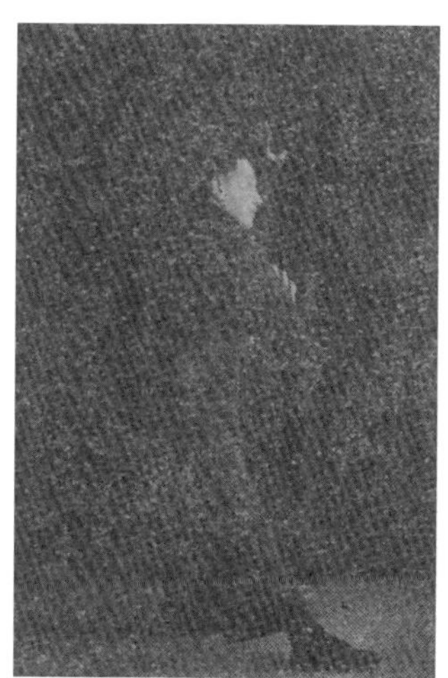

圖204-2　轉身擺蓮腳(二)

二〇五、彎弓射虎㈠

右腿改為弓步。兩手向下掠向南方，右臂與肩略成直線，成陽掌。左手停於右脇前，亦成陽掌。眼看正東。如圖205。

二〇六、彎弓射虎㈡

步法不動。兩手均握為拳，右臂反張於頭部之前，虎口向下。左肘緊貼於脇，拳挺於前。略成平行線，眼看正東。如圖206正面背面二圖。

二〇七、上步左高探馬

左腳向前一步成虛步。左拳翻向上改為陽掌。右肘沉下改為立掌。豎

圖205-1　彎弓射虎(一)

圖205-2　彎弓射虎(一)

於左掌之上方。眼看正東。如圖72，可參考。

二〇八、披面掌

動作及形式，均與圖186同，可參考。

二〇九、翻身撇身捶㈠

左腳跟右腳尖同時右轉向西南，身亦隨之扭轉。同時左手攏至右手之下方。眼看正南。如圖209。

二一〇、翻身撇身捶㈡

右腳提起，挪向西北一步成弓步。身亦扭轉向西。右手由左腋伸出，掌改為拳，右臂伸於前方。腕部

圖206-1　彎弓射虎（二）（正面）

圖206-2　彎弓射虎（二）（背面）

向上。左手變為立掌，豎於右拳之上方。眼看正西。如圖57，可參考。

二一一、上步左高探馬

左腿向前一步成弓步。左手翻成陽掌。右拳伸開成立掌，豎於左掌之上方。眼西看。如圖221。

二一二、攬雀尾㈠

身向後倚，左腿成虛步。兩手同時縮回，右手翻成陽掌；左手翻成陰掌，貼於右腕部。眼看正西。如圖61，可參考。

二一三、攬雀尾㈡

動作及形式，均與圖5同，可參

圖209　翻身撇身捶(一)

圖221　上步左高探馬

考。

二一四、攬雀尾㈢

動作及形式，均與圖6同，可參考。

二一五、單鞭㈠

動作及形式，均與圖7同，可參考。

二一六、單鞭㈡

動作及形式，均與圖8同，可參考。

二一七、合太極

左腳尖轉向正西，右腿成弓步。左腿復向前併攏成平行步。右手鷹爪伸開，同左手齊攏向前，復分左右垂直。眼看正南。如圖217。

圖217　合太極

第七章　附　錄

一、太極拳論

一舉動，周身俱要輕靈，尤須貫串。氣宜鼓蕩，神宜內斂，無使有缺陷處，無使有凸凹處，無使有斷續處。其根在腳，發於腿，主宰於腰，形於手指。由腳而腿而腰，總須完整一氣，向前退後，乃得機得勢。有不得機得勢處，身便散亂，其病必於腰腿求之。上下前後左右皆然。凡此皆是意，不在外面。有上即有下，有前即有後，有左即有右。如意要向上，即寓下意，若將物掀起而加以挫之之意。斯其根自斷，乃壞之速而無疑。虛實宜分清楚，一處自有一處虛實，處處總此一虛實。周身節節貫串，無令絲毫間斷耳。長拳者，如長江大海，滔滔不絕也。

十三勢者，掤攦擠按採挒肘靠，此八卦也。進步退步左顧右盼中定。此五行也。掤攦擠按即乾坤坎離四正方也。採挒肘靠即巽震兌艮四斜角也。進退顧盼定，即金木水火土也。

原注云此係武當山張三豐老師遺論欲，天下豪傑延年益壽，不徒作技藝之末也。

二、太極拳經（山右王宗岳遺著）

太極者，無極而生，動靜之機，陰陽之母也。動之則分，靜之則合。無過不及，隨曲就伸。人剛我柔謂之走，我順人背謂之黏。動急則急應，動緩則緩隨。雖變化萬端，而理為一貫。由著熟而漸悟懂勁，由懂勁而階及神明。然非用力之久，不能豁然貫通焉。虛領頂勁，氣沉丹田；不偏不倚，忽隱忽現；左重則左虛，右重則右虛；仰之則彌高，俯之則彌深；進之則愈長，退之則愈促；一羽不能加，蠅蟲不能落；人不

知我，我獨知人，英雄所向無敵，蓋皆由此而及也。斯技旁門甚多。雖勢有區別，概不外乎壯欺弱慢讓快耳。有力打無力，手慢讓手快，是皆先天自然之能，非關學力而有為也。察四兩撥千斤之句，實非力勝。觀耄耋能禦眾之形，快何能為。立如平準，活如車輪；偏沉則隨，雙重則滯，每見數年純功，不能運化者，率皆自為人制，雙重之病未悟耳。欲避此病，須知陰陽。黏即是走，走即是黏；陰不離陽，陽不離陰；陰陽相濟，方為懂勁。懂勁後愈練愈精，默識揣摩，漸至從心所欲。本是捨己從人，多誤捨近求遠。所謂差之毫釐，謬以千里，學者不可不詳辨焉。

三、十三勢歌

十三勢勢莫輕視。命意源頭在要隙。變轉虛實須留意，氣遍身軀不少滯。靜中觸動動猶靜，因敵變化示神奇。勢勢存心揆用意，得來不覺

費功夫。刻刻留心在腰間，腹內鬆淨氣騰然，尾閭中正神貫頂，滿身輕利頂頭懸。仔細留心向推求，屈伸開合聽自由。入門引路須口授，功夫無息法自修。若言體用何為準，意氣君來骨肉臣。想推用意終何在，益壽延年不老春。歌兮歌兮百四十，字字真切義無遺。若不向此推求去，枉費功夫貽歎惜。

四、十三勢行功心解

以心行氣，務令沉著，乃能收斂入骨。以氣運身，務令順遂，乃能便利從心。精神能提得起，則無遲重之虞，所謂頂頭懸也。意氣須換得靈，乃有圓活之趣，所謂變動虛實也。發勁須沉著鬆淨，專主一方。立身須中正安舒，支撐八面。行氣如九曲珠，無往不利（氣遍身軀之謂），運勁如百煉鋼，何堅不摧。形如搏兔之鶻，神如捕鼠之貓。靜如山岳，動若江河。蓄勁如開弓，發勁如放箭。曲中求直，蓄而後發。力

由脊發，步隨身換。收即是放，斷而復連，往復須有摺疊，進退須有轉換。極柔軟，然後極堅剛。能呼吸，然後能靈活。氣以直養而無害，勁以曲蓄而有餘。心為令，氣為旗，腰為纛，先求開展，後求緊湊，乃可臻於縝密矣。

又曰：先在心，後在身，腹鬆，氣斂入骨，神舒體靜，刻刻在心。切記一動無有不動，一靜無有不靜。牽動往來氣貼背，斂入脊骨。內固精神，外示安逸。邁步如貓行，運勁如抽絲。全神意在精神，不在氣，在氣則滯。有氣者無力，無氣者純剛。氣若車輪，腰如車軸。

五、打手歌

掤攦擠按須認真，上下相隨人難進。任他巨力來打我，牽動四兩撥千斤。引進落空合即出，沾連黏隨不丟頂。

又曰：彼不動，己不動；彼微動，己先動。勁似鬆非鬆，將展未

展，勁斷意不斷。

六、太極拳式名稱及其次序

太極起式，攬雀尾，單鞭，提手上勢，白鶴晾翅，摟膝拗步，手揮琵琶勢，進步搬攔捶，如封似閉，抱虎歸山，十字手，摟膝拗步，攬雀尾，斜單鞭，肘底看捶，倒輦猴，斜飛勢，提手上勢，白鶴晾翅，摟膝拗步，海底針，扇通背，翻身撇身捶，卸步搬攔捶，上步攬雀尾，單鞭，雲手，左高探馬，右分腳，右高探馬，左分腳，轉身蹬腳，摟膝進步栽捶，翻身撇身捶，上步高探馬，右分腳，退步打虎式，披身踢腳，雙峰貫耳，左分腳，轉身蹬腳，撇身捶，上步搬攔捶，如封似閉，抱虎歸山，十字手，摟膝拗步，攬雀尾，斜單鞭，野馬分鬃，玉女穿梭，攬雀尾，單鞭，雲手，下勢，金雞獨立，倒輦猴，斜飛勢，提手上勢，白鶴晾翅，摟膝拗步，海底針，扇通背，翻身撇身捶，上步搬攔捶，上步

攬雀尾，單鞭，雲手，高探馬，撲面掌，十字擺蓮腳，摟膝指襠捶，上步攬雀尾，單鞭，下勢，上步七星，退步跨虎，轉身撲面掌，轉身擺蓮腳，彎弓射虎，上步高探馬，撲面掌，翻身撇身捶，上步高探馬，上步攬雀尾，單鞭，合太極。

七、《寧波府志》所載張松溪事略

張松溪善搏，師孫十三老，其法自言起於宋之張三豐，三豐為武當丹士，徽宗召之，道梗不前，夜夢玄帝授之拳法，厥明以單丁殺賊百餘，遂以絕技名於世。由三豐而後，至嘉靖時，其法遂傳於四明，而松溪為最著。松溪為人，恂恂如儒者，遇人恭謹，身若不勝衣，人求其術，輒遜謝避去。時少林僧以拳勇名天下，值倭亂，當事召僧擊倭。有僧七十輩，聞松溪名，至鄞求見，松溪避匿不出，少年慫恿之，試一往。見諸僧方校技酒樓上，忽失笑，僧知其為松溪也，遂求試。松溪

曰：必欲試者，須召里正約，死無所問。許之。松溪袖手坐，一僧跳躍來蹴，松溪稍側身，舉手送之。其僧如飛九隕空，墜重摟下，斃死。眾僧始駭服。嘗與諸少年入城，諸少年閉之月城中，羅拜曰：今進退無所，幸一試之。松溪不得已，乃使諸少年舉圜石，可數百斤者，累之。謂曰：吾七十老人，無所用試，供諸君一笑可乎？舉左手側而劈之，三石皆分為兩。其奇如此。

太極功系統表(一)

祖師張三丰—王宗岳—蔣發—陳長興

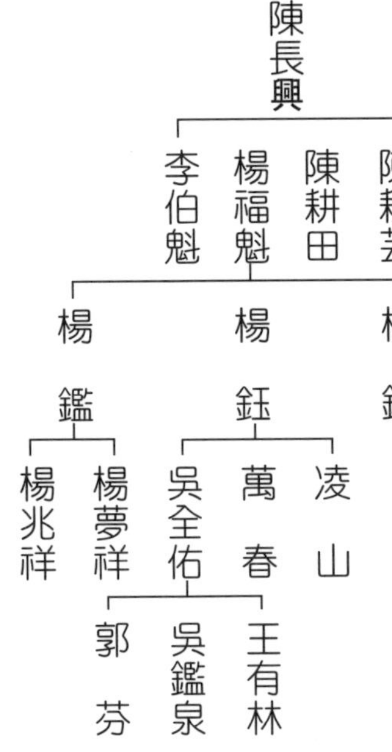

太極功系統表(二)

吳鑑泉

- 吳公儀
- 吳公藻
- 柏錕
- 趙壽邨
- 趙學安
- 趙曾善
- 吳榮培
- 吳奎芳
- 崔冠雲
- 舒國曾
- 關慕烈
- 東錫源
- 東錫珍
- 蘇學曾
- 蘇景曾
- 孫國祥
- 孫國端
- 魏元晉
- 吳鍾嶽
- 金慶海
- 何玉堂
- 周廣志
- 馬普安
- 楊德山
- 趙文愷
- 劉鈞
- 金玉奇
- 胡紹梅
- 郝樹桐
- 鍾毓秀
- 吳桐
- 楊毓璋
- 段方
- 馬嵩岫
- 任文清
- 葛永德
- 蕭碧川
- 梁國棟
- 曾半僧

圖 30　斜摟膝拗步

圖 2　太極出手（正面）

圖 31　翻身斜摟膝拗步

圖 9　提手上勢（正面）

圖 38　肘底看捶㈠

圖 59　卸步搬攔捶㈡

圖 41　猴輦倒㈠

圖 92　雙峰貫耳㈡（正面）

圖 87　轉身蹬腳㈠

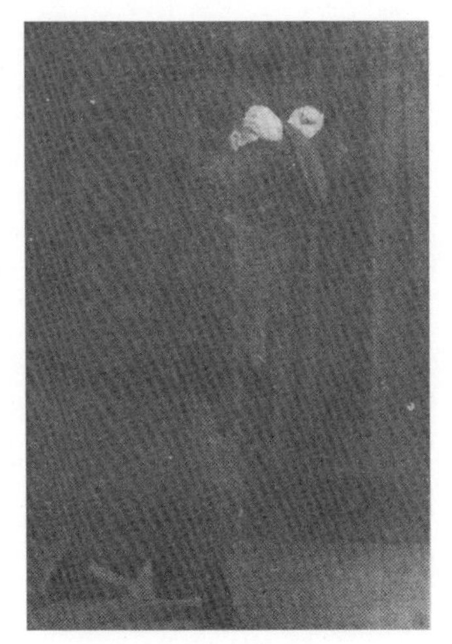
圖 93　翻身二起腳㈠

圖 89　退步打虎㈢（正面）

圖 117　野馬分鬃㈡（正面）

圖 96　翻身二起腳㈣（側面）

圖 118　野馬分鬃㈢

圖 120　野馬分鬃㈤

圖 127　王女穿梭㈠

圖 153　金雞獨立㈢

圖 132　野馬分鬃㈡

圖 151　金雞獨立㈠

圖201　退步跨虎（正面）

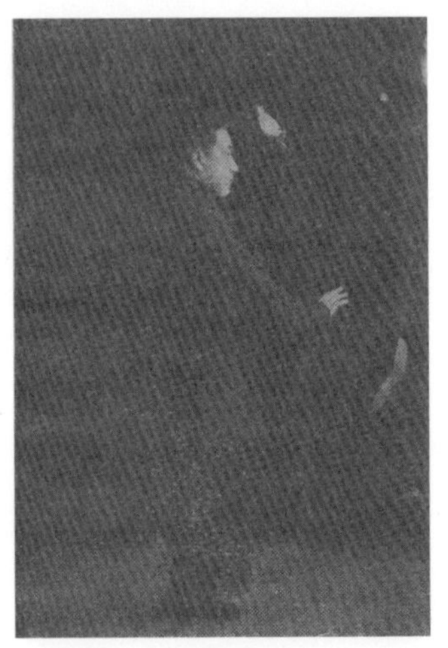

圖154　金雞獨立㈣（正面）

圖 203　轉身擺蓮腳㈠

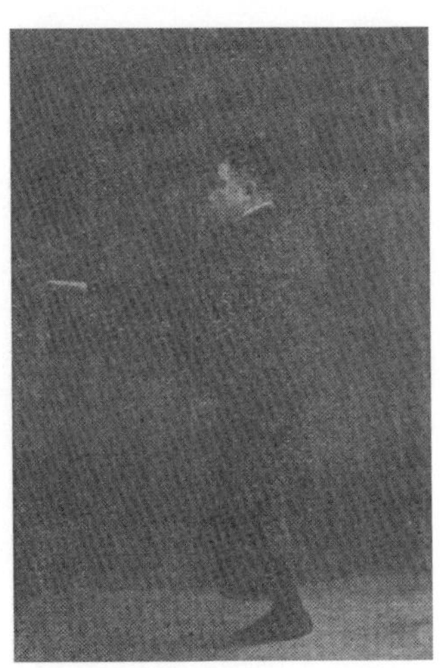

圖 188　轉身十字擺蓮腳㈡

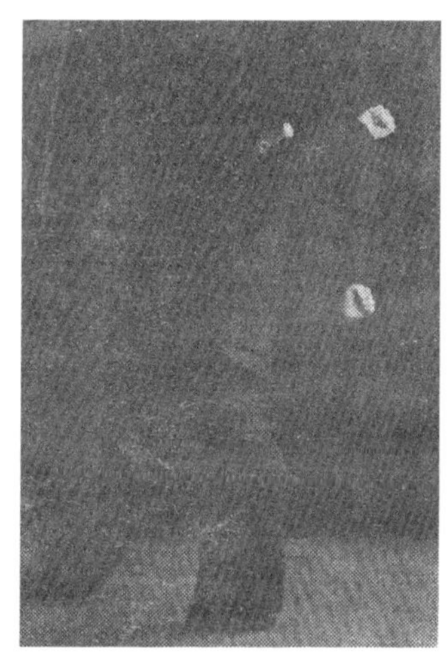

圖206 彎弓射虎㈡（正面）

圖 202 轉身披面掌

圖 209 翻身撇身捶㈠

圖 204-2 轉身擺蓮腳㈡

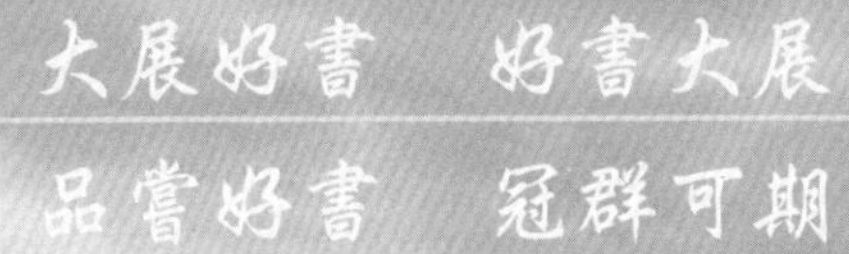
大展好書　好書大展
品嘗好書　冠群可期